THÉORIE
DE L'HARMONIE

PARIS. — IMPRIMERIE ADRIEN LE CLERE, RUE CASSETTE, 29.

THÉORIE
DE L'HARMONIE

A L'USAGE

DES CHEFS ET DIRECTEURS DE SOCIÉTÉS MUSICALES

PAR L. GIRARD

PROFESSEUR D'HARMONIE

PRIX : 4 FRANCS

PARIS

GAUTROT AINÉ ET Cie,

MANUFACTURE GÉNÉRALE D'INSTRUMENTS DE MUSIQUE,

80, RUE TURENNE, 80.

1869

EXPOSÉ SUCCINCT

DE

LA THÉORIE DE L'HARMONIE

L'harmonie se compose d'*accords*. Les accords se composent d'*intervalles*.

Les intervalles sont *consonnants* ou *dissonnants*.

Les intervalles consonnants ou *consonnances* sont la *tierce*, la *quarte*, et leurs renversements, la *sixte* et la *quinte*. Ajoutons-y l'*octave*. On a donné à la quarte majeure, et à son renversement la quinte mineure, le nom de *consonnances appellatives*.

Les intervalles dissonnants ou *dissonnances* sont la *seconde* et son renversement, la *septième*.

Les accords (dans leur état primitif) sont formés de tierces superposées.

Ils sont *consonnants*, quand ils ne renferment aucune dissonnance; *dissonnants*, dans le cas contraire.

On nomme *basse* la note la plus grave d'un accord.

On nomme *basse fondamentale* ou note fondamentale, celle qui se trouve la plus grave lorsque les notes de l'accord sont disposées par tierces.

Ainsi la basse de l'accord :

est *ré*.

Pour trouver la base fondamentale de ce même accord, il faut le disposer par tierces :

La base fondamentale est donc *sol.*

Lorsque la note fondamentale est à la basse, l'accord est à l'*état direct.* Lorsqu'une autre note que la fondamentale est à la basse, l'accord est *renversé.*

Chacune des notes qui composent un accord pouvant être mise à la basse, un accord a autant de renversements qu'il renferme de notes moins une.

On écrit les accords d'une manière abrégée au moyen de chiffres placés au-dessus de la basse. Ces chiffres indiquent les intervalles que forment les différentes notes d'un accord relatif à la basse. Ils peuvent être au besoin affectés d'un des signes accidentels ♯, ♭, ♮. Tout signe accidentel qui n'est suivi d'aucun chiffre est considéré comme affectant la *tierce,* intervalle très-souvent sous-entendu dans la chiffraison.

ACCORD PARFAIT.

On nomme *accord parfait,* un accord composé de tierce majeure ou mineure et de quinte majeure.

L'accord parfait est *majeur* quand sa tierce est majeure ; il est *mineur* quand sa tierce est mineure.

On le chiffre par 5,

Premier renversement (la tierce à la basse), accord de sixte.
On le chiffre par 6.

Deuxième renversement (la quinte à la basse), accord de quarte et sixte.

On le chiffre par $^6_4$.

On double souvent à l'octave supérieure la fondamentale ou sa quinte ; plus rarement sa tierce, surtout dans le 2e renversement où cette tierce est à la basse. Dans le cas où la tierce est doublée (dans le 2e renversement), il ne faut pas que ce soit à la partie supérieure.

Si la basse reste invariable, l'accord ne change pas de nature, quelle que soit la disposition des parties supérieures.

On nomme *marche* ou *progression harmonique* la répétition régulière d'une suite d'accords, soit en montant soit en descendant toujours du même nombre de degrés.

Si l'on répète plusieurs fois cette suite d'accords en descendant toujours de tierce par exemple, on aura la marche :

La régularité qu'on observe dans la base doit exister aussi dans les parties supérieures.

Deux parties marchent par *mouvement semblable* lorsqu'elles montent ou descendent toutes deux à la fois. Elles marchent par *mouvement contraire*, lorsque l'une monte pendant que l'autre descend. Dans l'enchaînement des accords il faut éviter de faire faire à une partie deux octaves ou deux quintes consécutives avec une autre partie.

Deux parties ne doivent pas aller sur une octave par mouvement semblable, à moins que la partie supérieure ne monte d'un demi-ton ou ne descende d'un degré.

Cette règle, ainsi que la suivante, n'est de rigueur qu'entre les parties extrêmes.

Deux parties ne doivent pas aller sur une quinte par mouvement semblable, à moins que la partie supérieure ne descende d'un degré, ou que le mouvement n'ait lieu entre deux parties supérieures.

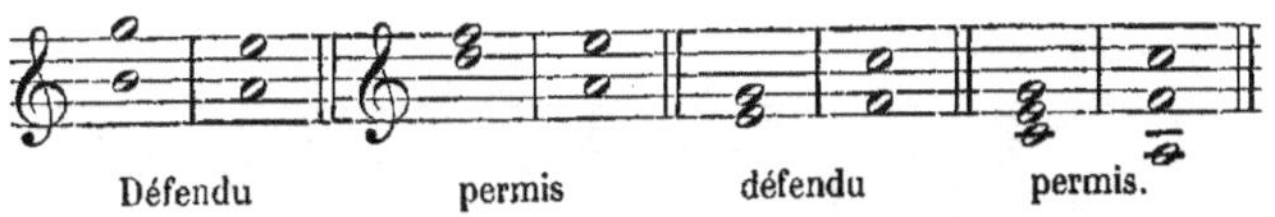

Les notes sur lesquelles l'accord parfait s'emploie le plus souvent sont les trois notes tonales, c'est-à-dire le premier degré (tonique), le quatrième (sous-dominante), et le cinquième (dominante). Il est presque inusité sur le troisième degré, et ne s'emploie guère que dans les marches d'harmonie; sur le deuxième degré il est ordinairement suivi de l'accord de dominante.

Les accords parfaits peuvent s'enchaîner par secondes supérieures ou inférieures.

On ne fait pas deux accords parfaits mineurs consécutifs.

On évitait autrefois, dans la succession de deux accords, la relation du quatrième degré avec le septième (fausse relation de triton). Aussi défendait-on deux tierces majeures consécutives,

à moins qu'elles ne fussent liées par une note commune.

On n'employait donc pas les exemples 2 et 4 ci-dessus.

Par secondes inférieures.

1 2 3 4 5

En ut majeur. En la mineur.

On ne fait pas deux accords parfaits mineurs consécutifs.

Les exemples 2 et 5 sont défendus dans la musique sévère, à cause des fausses relations de si à fa, de sol ♯ à ré.

Les accords parfaits s'enchaînent rarement par tierces supérieures; souvent par tierces inférieures, par quartes et par quintes supérieures ou inférieures.

Par tierces inférieures.

Par quartes infér. (ou quintes supér.). **Plus rarement,**

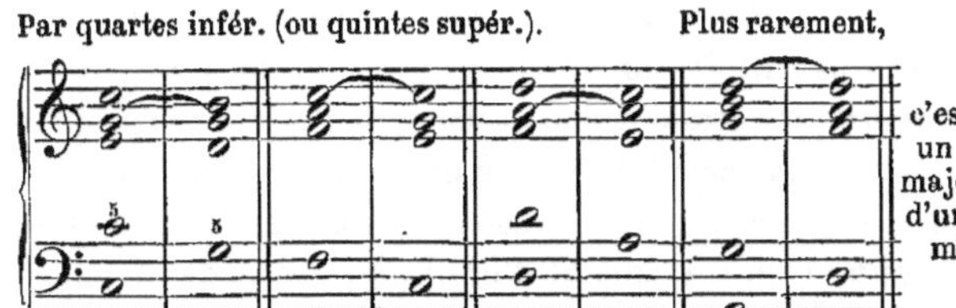

c'est-à-dire un accord majeur suivi d'un accord mineur

Par quintes inférieures (ou quartes supérieures).

Dans le dernier exemple, pour éviter le mouvement { *fa–sol* / *ré–sol* } on écrit de préférence :

A part ce dernier cas, une partie supérieure ou intermédiaire reste immobile dans la succession de deux accords, si la note qu'elle fait dans le premier appartient aussi au second. Elle va sur la note la plus voisine dans le cas contraire.

On peut faire une suite d'accords de sixte ascendants ou descendants diatoniquement, pourvu que les parties supérieures forment une suite de quartes et non de quintes.

Les accords de sixte les plus usités sont les premiers renversements des accords parfaits du 1er, du 2e, du 4e et du 5e degré.

Les meilleures successions d'un accord de sixte à un autre accord de sixte, d'un accord de sixte à un accord parfait, et d'un accord parfait à un accord de sixte, sont celles où les notes fondamentales montent ou descendent d'un degré, descendent d'une tierce, et principalement celles où elles montent ou descendent de quarte ou de quinte.

Marche d'accords de quinte et de sixte.

Jusqu'au XVIe siècle, l'accord parfait et son 1er renversement ont été à peu près les seuls accords employés ; mais on les modifiait souvent au moyen de *notes accidentelles*. (Suspensions et notes de passage.)

NOTES ACCIDENTELLES.

Prolongation, suspension, retard. — Dans la succession d'un accord à un autre, toute note du 1er accord descendant d'un degré sur une note du second peut-être prolongée. On dit alors que la seconde note est *suspendue* ou *retardée*.

Toute dissonnance est dite *préparée*, lorsqu'elle résulte d'une prolongation. Le mouvement qu'elle fait en descendant d'un degré s'appelle *résolution*.

Préparation prolongation résolution.

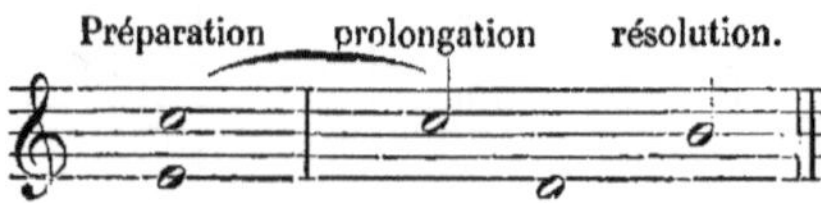

Dans la musique sévère, la durée de la préparation doit être au moins égale à celle de la prolongation.

L'accord peut changer au moment de la résolution.

De deux notes à distance d'octave, la note supérieure seule peut être retardée.

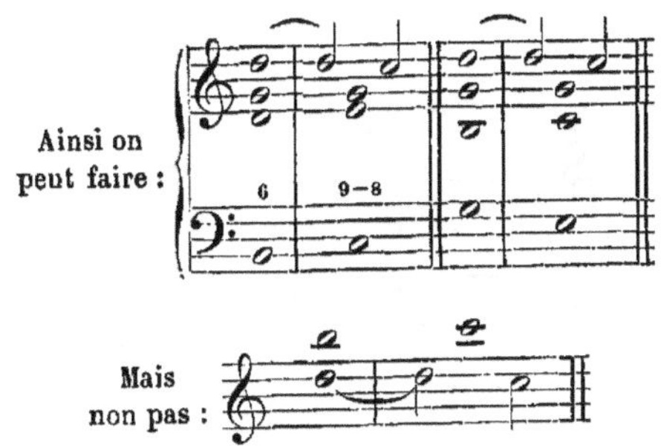

Si, la suspension étant supprimée, il en résulte une faute, cette suspension est mauvaise.

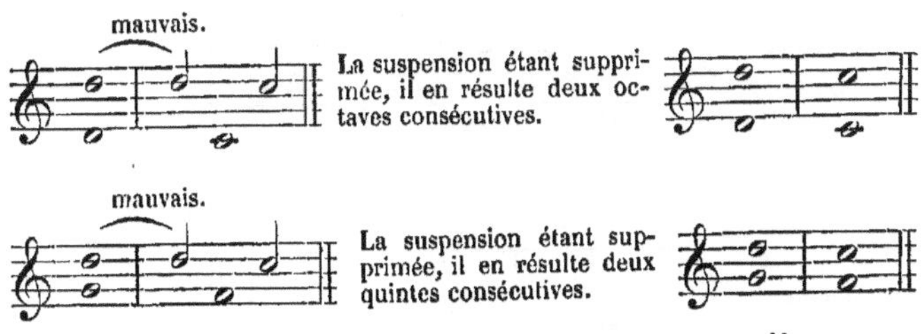

Marche d'accords parfaits avec suspensions.

Marche d'accords de sixte avec suspensions.

On fait aussi des suspensions doubles.

La résolution d'une prolongation a lieu quelquefois en montant, surtout en montant d'un demi-ton.

Ainsi on fait :

Et plus rarement :

Notes de passage. — On nomme notes *réelles* celles qui font partie de l'accord qui les accompagne. On nomme *notes de passage,* celles qui marchent par degrés conjoints d'une note réelle à une autre note réelle.

Dans la musique moderne on retranche souvent une note réelle entre deux notes de passage.

Ainsi on écrit :

pour :

Notes de passage doubles.

Suspensions avec notes de passage.

Appoggiatures. — Une note réelle peut être précédée (plus rarement suivie, d'une note accidentelle à distance de seconde supérieure ou inférieure. Dans le 1er cas cette note accidentelle prend le nom d'*appoggiature ;* dans le 2e, celui d'*échappée.*

(1) On trouve quelquefois aujourd'hui des suspensions dont la résolution est sous-entendue.

L'accord peut changer au moment de la résolution de l'appoggiature, et même avant.

Anticipation. — On nomme anticipation une note qui se fait entendre avant l'accord auquel elle appartient.

Souvent les notes accidentelles sont répétées ou se produisent sous forme de syncopes.

Notes de passage syncopées.

Anticipations syncopées

Syncopes à la base.

Les accords de quarte et sixte les plus usités sont les renversements des accords parfaits des 1er, 4e et 5e degrés.

Cadences. — On nomme *cadences* les repos qui servent de ponctuation aux phrases musicales.

La cadence *parfaite* donne l'idée d'un repos définitif. Elle se fait par un mouvement de basse de la dominante à la tonique.

La demi-cadence a le caractère d'un repos momentané. Elle se fait sur la dominante.

On appelle *cadence plagale,* une cadenee qui se fait par un mouvement de basse du 4e degré à la tonique.

Lorsqu'on emploie l'accord de quarte et sixte, il faut que, des deux parties qui forment quarte : 1° l'une reste en place pendant que l'autre arrive diatoniquement sur la quarte (c'est la préparation), 2° l'une reste en place pendant que l'autre monte ou descend d'un degré (c'est la résolution) (1).

On emploie souvent l'accord de quarte et sixte dans les cadences sans observer cette règle; cela tient à ce qu'il a, dans ce cas, pour origine une double suspension ou une double appoggiature, ou bien une suspension et une appoggiature.

ACCORD DE QUINTE MINEURE.

L'accord de quinte mineure se place sur la note sensible dans les deux modes, et sur le 2e degré de la gamme mineure.

(1) Cette deuxième règle souffre des exceptions.

On le chiffre par , le 1er renversement par 6 et le 2e par $+^{6}_{4}$.

L'accord de quinte mineure de sensible et ses renversements se résolvent sur l'accord de tonique.

L'accord de quinte mineure du 2e degré (mode mineur) et ses renversements se résolvent sur la dominante.

Voici en outre différentes manières d'employer l'accord de quinte mineure et ses renversements.

ACCORD DE SEPTIÈME DE DOMINANTE.

Cet accord, commun aux deux modes, se compose de dominante, sensible, 2e et 4e degré.

On trouve l'origine de cet accord dans une prolongation :

Cette quinte ajoutée est, de toutes ces notes qui composent l'accord de 7e de dominante, celle qu'on retranche le plus volontiers, et le renversement auquel elle sert de basse fut longtemps le moins usité de tous.

La préparation de la dissonnance de 7e a cessé depuis longtemps d'être obligatoire. Comme toutes les dissonnances, elle se résout en descendant d'un degré ; la note sensible va à la tonique ;

le 2e degré monte ou descend d'une seconde, et la dominante monte ou descend sur la tonique, ou reste en place s'il n'y a pas cadence.

L'accord de 7e de dominante se chiffre par $\frac{7}{+}$; son 1er renversement (accord de quinte et sixte) par $\frac{6}{5}$; son 2e renversement (accord de sixte sensible) par $\substack{+\\4\\3}$, et son 3e renversement (accord de triton) par $\substack{+\\2}$.

On ne peut doubler ni le 4e degré ni la note sensible.

On retranche quelquefois le 2e degré, rarement la sensible.

Par exception, dans le 2e renversement, lorsque la basse monte d'un degré, le 4e degré peut monter sur la dominante.

(Autrefois on n'employait point le 2e renversement sans en préparer la quarte.)

L'accord de 7e de dominante s'emploie souvent dans la demi-cadence, et presque toujours il précède l'accord de tonique dans les cadences parfaites.

On a vu plus haut l'origine de l'accord $\frac{6}{4}$ dans les cadences.

Ce n'est que plus tard qu'on a fait :

Suspensions.

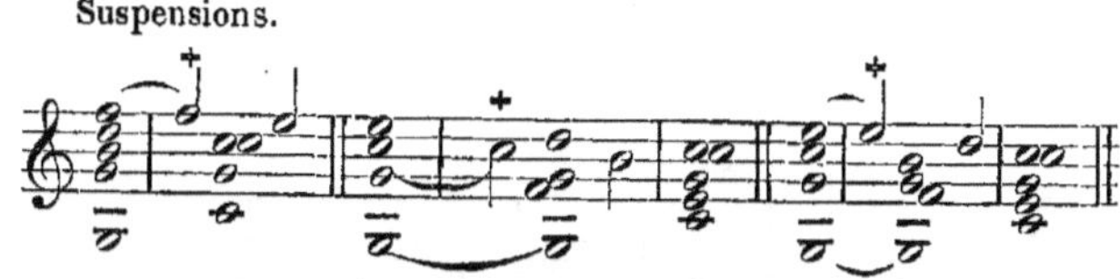

Appoggiatures.

Triple appoggiature.

La cadence est *rompue,* lorsque la base fondamentale de l'accord de 7e de dominante marche sur toute autre note que la tonique.

Ex. :

Dans les deux derniers exemples, la sensible se résout en descendant d'un demi-ton, autrement il y aurait *fausse relation.*

Nous connaissons déjà la fausse relation de *triton.* On nomme encore *fausse relation,* la relation de demi-ton chromatique et d'octave augmentée ou diminuée entre deux parties, d'un accord à un autre.

Pour que ces exemples deviennent bons, il faut que la note naturelle et son altération se trouvent dans la même partie.

La fausse relation est permise lorsque la partie supérieure descend diatoniquement :

Et aussi l'exemple suivant, ou les notes marquées + ne sont que des appoggiatures :

Marche de 7es
de dominante.
etc.

etc.

Moins usité.

etc.

Avec
suspensions.
etc.
etc.

ACCORDS DE SEPTIÈME DE SENSIBLE DES DEUX MODES.

Ces accords proviennent d'une appoggiature supérieure de la dominante dans le 1er renversement de l'accord de 7e de dominante.

L'accord de 7e de sensible du mode mineur a reçu le nom particulier d'accord de 7e diminuée.

L'accord de 7e de sensible se chiffre par 5 ; l'accord de 7e diminuée par 7.

Dans les renversements de l'accord de 7e de sensible (mode majeur), le 6e degré doit toujours être à distance de 7e au moins au-dessous de la note sensible : c'est pourquoi le 3e renversement n'existe pas.

Dans les renversements de la 7e diminuée, le 6e degré peut occuper une place quelconque.

Les résolutions des différentes notes sont les mêmes que dans la 7e de dominante. Le 6e degré se résout en descendant d'un degré soit dans l'accord même, soit dans l'accord suivant; on retranche souvent la tierce (2e degré).

Les renversements de l'accord de 7e de sensible se chiffrent, le 1er par $\substack{5\\+}$; le 2e par $\substack{3\\+}$.

Ceux de l'accord de 7e diminuée se chiffrent, le 1er par $\substack{+\\5}$ le 2e par $\substack{+\\3}$, le 3e par $+2$.

On emploie souvent dans le mode majeur la 7ᵉ diminuée au lieu de la 7ᵉ de sensible.

Les accords de 7ᵉ de sensible des deux modes s'emploient souvent dans les demi-cadences :

Leur résolution sur l'accord $\frac{6}{4}$ de la dominante provient d'une double prolongation, ou d'une prolongation et une appoggiature.

L'accord de 7ᵉ diminuée provient souvent d'une triple appoggiature.

ACCORDS DE NEUVIÈME DES DEUX MODES.

Les accords de 7e de sensible ont pour véritable note fondamentale la dominante ; aussi s'emploient-ils souvent avec cette note. Les accords qui en résultent prennent le nom d'accords de 9e majeure ou mineure.

ACCORDS DE SEPTIÈME DU SECOND DEGRÉ.

On trouve l'origine de ces accords dans un retard de sixte.

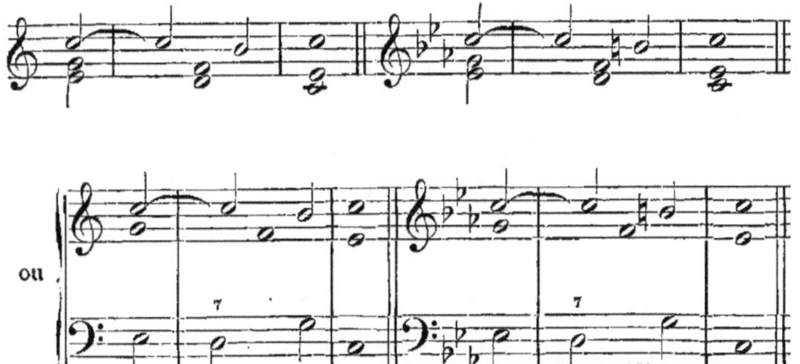

Et en ajoutant une quinte à la septième.

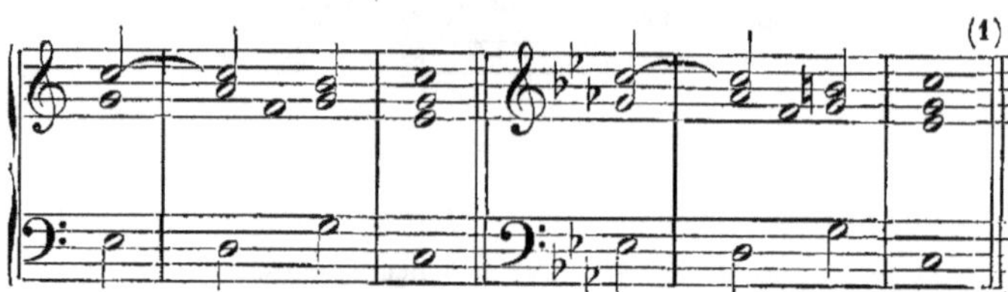

Les deux accords de 7e du second degré.

se chiffrent par 7.

Le 2e 

est composé absolument de la même manière que l'accord de 7e de sensible du mode majeur :

Il ne faut cependant pas les confondre, puisqu'ils n'ont pas la même origine ni les mêmes fonctions, et ne sont pas soumis aux

---

(1) On voit d'après cela que les accords de 7e du 2e degré ne sont autre chose que des accords de 7e de sensible (premier renversement) avec suspension de la note sensible :

Leur véritable note fondamentale est donc la dominante; ils peuvent en effet s'employer avec cette note.

mêmes règles. Leur origine explique pourquoi ils ne s'employèrent d'abord que sur les temps forts.

Les renversements se chiffrent, le 1er par $^{6}_{5}$; le 2e par $^{4}_{3}$; le 3e par 2.

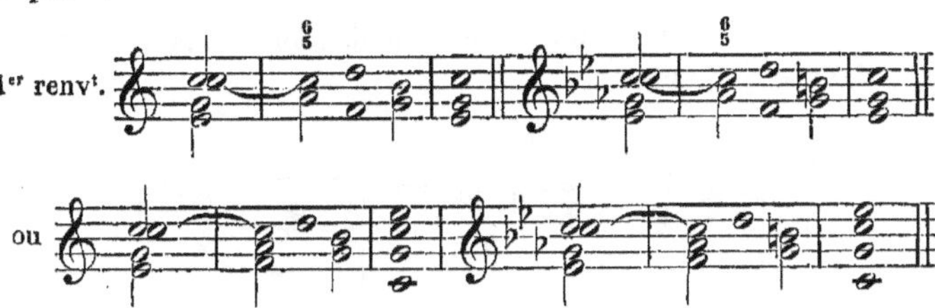

Le 2e renversement n'est usité que dans le mode mineur.

L'accord de 7e du second degré s'emploie souvent aujourd'hui sans préparation dans le mode mineur ; mais très-rarement dans le mode majeur.

On a vu plus haut que souvent, dans les cadences, l'accord de dominante est précédé de l'accord de quarte et sixte. Les accords de 7e du second degré se résoudront donc souvent sur l'accord de quarte et sixte.

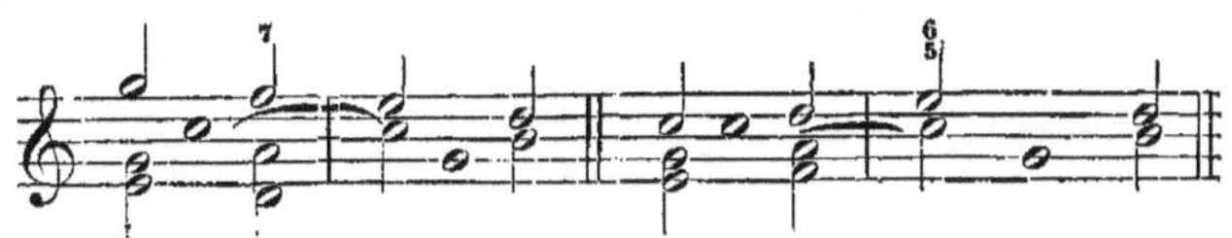

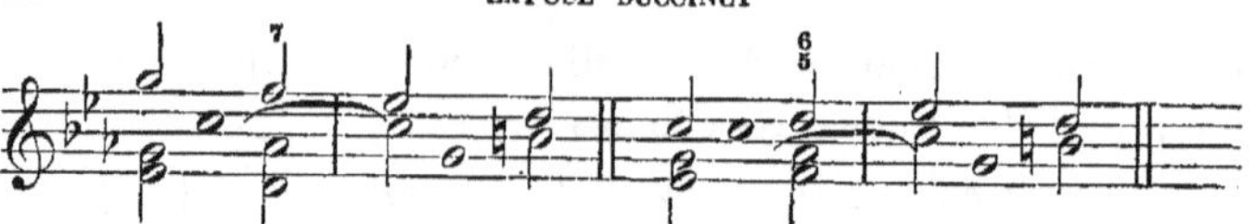

L'accord de 7e du second degré du mode mineur s'emploie souvent dans le mode majeur.

Une ou deux notes de passage peuvent donner à un accord l'aspect de l'accord de 7e du second degré.

La marche suivante de sixtes retardées :

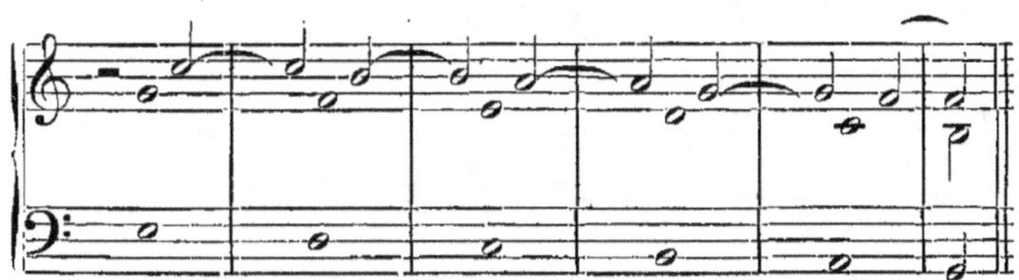

peut être convertie en une marche de septièmes, en prenant pour modèle la 2e mesure transformée, comme nous l'avons vue plus haut.

Modèle.

Marche.

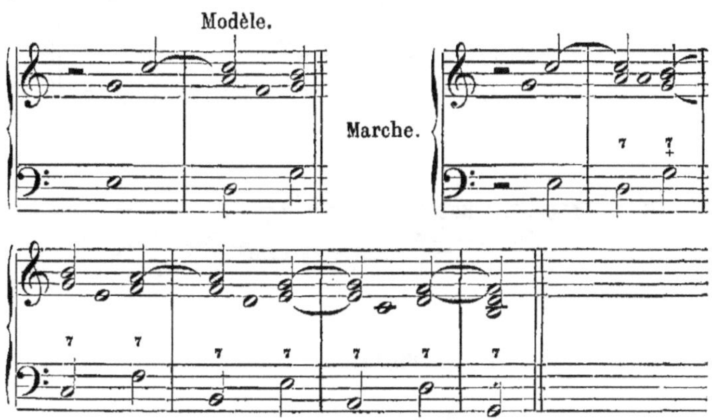

On trouve ici (à la 3e mesure) deux nouveaux accords de 7e.

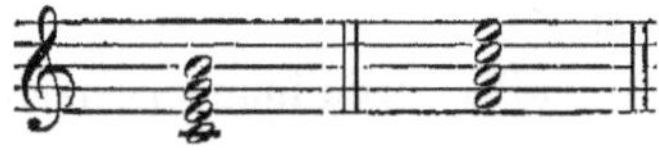

Même marche avec renversement.

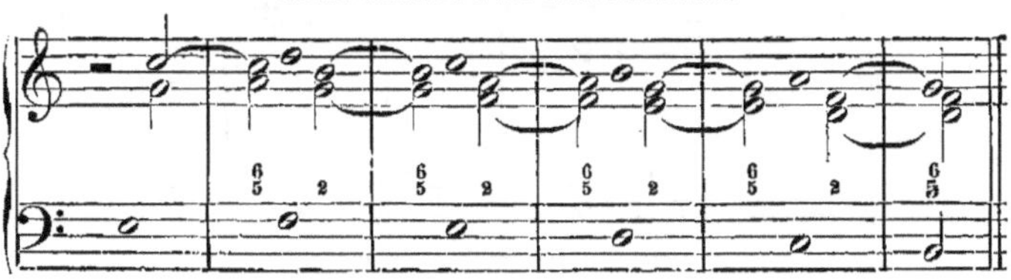

(Les marches où se trouve le 2e renversement sont inusitées.)

PÉDALES.

On nomme *pédale* une note tenue accompagnant plusieurs accords dont quelques-uns ne la contiennent pas. La pédale peut être *inférieure, intermédiaire, supérieure*. Elle se fait sur la tonique ou sur la dominante.

(On chiffre ordinairement la partie immédiatement supérieure à la pédale.)

On fait souvent sur la pédale des marches harmoniques, de suites de tierces et de sixtes, etc.

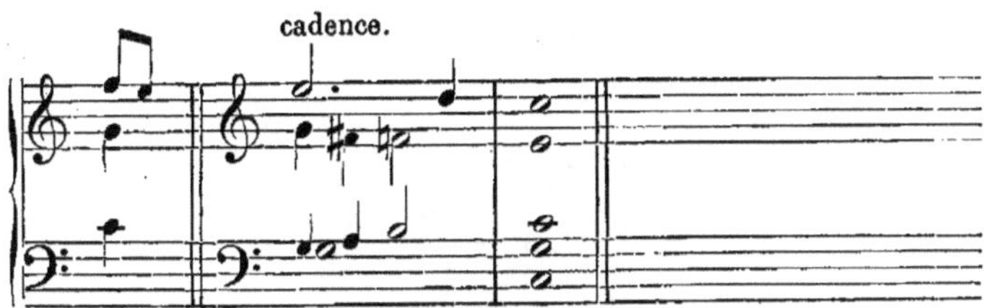

ALTÉRATIONS.

Dans la succession de deux accords, toute note qui monte ou descend d'un ton peut monter ou descendre chromatiquement. Les altérations sont donc de véritables notes de passage.

L'altération est *préparée* lorsque avant la note altérée on fait entendre la note sans altération.

Autrefois on n'employait pas la 3e diminuée, mais son renversement, la 6e augmentée.

Cet accord est très-usité.

On trouve souvent cet accord résolu de la manière suivante, malgré les deux quintes consécutives.

Mais beaucoup de musiciens préfèrent dans ce cas l'accord de 6e augmentée simple, ou l'accord de 6e augmentée avec quarte.

On rencontre souvent le 2e degré avec altération descendante dans l'accord de sixte du 4e degré (mode mineur).

Et quelquefois dans le mode majeur.

Plus tard on a fait :

La fausse relation du ré ♭ au ré ♮ est permise en ce cas.

ALTÉRATION DE L'ACCORD DE QUINTE ET SIXTE DU 4e DEGRÉ DANS LES CADENCES PLAGALES.

MODULATIONS.

Les modulations sont *passagères* lorsqu'elles ont lieu dans le courant d'une phrase. Elles sont complètes lorsqu'elles ont lieu sur la cadence parfaite. Les modulations les plus ordinaires se font dans les tons voisins du ton principal, c'est-à-dire dans le ton relatif, dans le mode de même tonique, et dans les tons dont l'armure ne diffère que d'un accident. Les modulations se font le plus souvent au moyen de l'accord (parfait ou de 7e) de dominante du ton où l'on va. Il est évident que pour passer du majeur au mineur de même tonique, et *vice versâ*, il suffit d'abaisser ou de hausser la tierce d'un demi-ton.

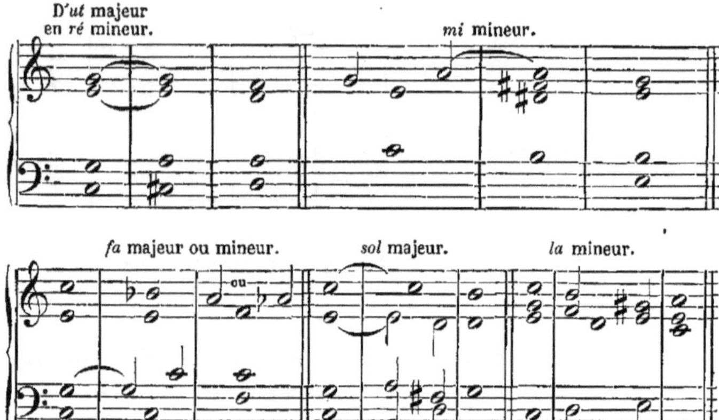

Pour moduler dans les tons éloignés, on se sert souvent de l'accord de 7e diminuée et de l'accord de sixte augmentée avec quinte.

Tous les accords de 7e diminuée peuvent se réduire à trois, présentant harmoniquement quatre aspects différents :

Tout accord de 6e augmentée avec quinte peut être considéré enharmoniquement comme un accord de 7e de dominante et *vice versâ.*

On conçoit d'après cela la possibilité de mettre en relation les tons les plus éloignés. Un accord de 7e diminuée peut en effet conduire dans tous les tons majeurs ou mineurs.

Prenons par exemple l'accord de 7ᵉ diminuée :

Ses quatre aspects fourniront les quatre résolutions suivantes :

sol, mi, ré ♭ et *si* ♭ (mode majeur ou mineur).

On a vu plus haut que cet accord peut se résoudre sur $\frac{6}{4}$; on aura donc les quatre résolutions suivantes :

ut, mi ♭, *fa, la* ♯, (mode majeur ou mineur).

Un accord de 7ᵉ diminuée pouvant être considéré, d'après ce qui a été dit plus haut, comme provenant d'une triple appoggiature, on aura les quatre résolutions suivantes :

si, la ♭, *ré, fa,* (mode maj. ou min.).

L'oreille accepte une nouvelle tonique avec d'autant plus de facilité qu'on l'a fait entendre plus longtemps avant la cadence définitive.

MODULATIONS DANS TOUS LES TONS EN PARTANT DU TON D'UT.

ACCORDS DE SEPTIÈME DE DOMINANTE RÉSOLUS COMME ACCORDS DE SIXTE AUGMENTÉE.

On module aussi en rompant la cadence :

On module encore au moyen d'un trait chromatique :

Après la conclusion d'une phrase, on peut attaquer sans accords intermédiaires un nouveau ton, pourvu que l'accord parfait de ce nouveau ton contienne la tonique ou la dominante du premier. Ainsi, après le ton de *do* majeur viendront bien les tons de *la* mineur, *sol* majeur, *fa* majeur ou mineur, *mi* mineur, *la* ♭, *mi* ♭.

ARPÉGES.

Un accord est *plaqué* lorsque les sons qui le composent sont entendus simultanément. Il est *arpége* (ou brisé) lorsque les sons se font entendre successivement.

Pour se rendre compte de la correction d'une harmonie *arpégée*, il faut se la représenter *plaquée*.

Cette harmonie est mauvaise, car elle revient à celle-ci :

qui contient deux octaves et deux quintes consécutives.

FIN.

PARIS. — IMPRIMERIE ADRIEN LE CLERE, RUE CASSETTE, 29.

www.ingramcontent.com/pod-product-compliance
Lightning Source LLC
LaVergne TN
LVHW010006230826
846092LV00002B/677

* 9 7 8 2 3 2 9 5 9 6 3 2 7 *